L_n^{27} 19114.

F. D'ESCOUBLEAU DE SOÚRDIS

Cardinal, Archevêque de Bordeaux,

Quid est beneficia dare ? Deum imitari.

ÉLOGE
DU
CARDINAL DE SOURDIS,

Ancien Archevêque de Bordeaux,

DISCOURS

COURONNÉ, LE 14 SEPTEMBRE 1813, DANS LA SÉANCE PUBLIQUE
DE LA SOCIÉTÉ POLYMATIQUE DE BORDEAUX;

Par F. J......T,

Associé correspondant de la Société, et Régent de Rhéthorique
au Collége de Périgueux.

A PÉRIGUEUX,

CHEZ F. DUPONT, IMPRIMEUR DE LA PRÉFECTURE.

SE TROUVE A BORDEAUX,

CHEZ MELON, LIB., ET AUTRES M.ds DE NOUVEAUTÉS.

1813.

A M. DESÈZE,

Conseiller à la Cour Impériale
de Bordeaux.

*M*onsieur,

QUAND vous proposâtes un prix au meilleur Éloge du cardinal de Sourdis, vous voulûtes rester inconnu; et, de la modestie dont vous êtes, vous voudriez sans doute encore n'être pas nommé. Je puis donc craindre de vous paraître indiscret ; mais, dussiez-vous vous plaindre de moi, je ne saurais me refuser au plaisir de révéler au public le nom du magistrat éclairé qui s'est aussi généreusement chargé de la dette commune. Permettez-moi en même temps de vous offrir ce Discours : il serait parfait si mon admiration pour M. de Sourdis, et le désir de répondre à vos vues avaient pu suppléer au talent.

J'ai l'honneur d'être,

Votre très-humble
et très-obéissant serviteur,

F. J.......

Périgueux, le 1.er décembre 1813.

ÉLOGE

DE

M. DE SOURDIS,

CARDINAL,

Archevêque de Bordeaux, et Primat d'Aquitaine.

~~~~~~

LE plus digne éloge, le seul peut-être véritablement digne du cardinal de Sourdis, aurait été celui qu'une voix éloquente et pieuse eût prononcé dans la chaire de vérité, le jour même où Bordeaux pleurait la mort de cet illustre archevêque. Alors l'exemple de ses vertus dont tout le monde avait été témoin, ses bienfaits auxquels tant de malheureux avaient eu part, les établissemens qu'il avait fondés, les monumens qu'il avait élevés, en un mot, tout ce qui lui avait à si juste titre mérité l'amour et la vénération du peuple, lui survivait encore ; et l'orateur, pour éprouver ces émotions vives et profondes, sans lesquelles on doit renoncer à louer dignement un grand homme, n'aurait eu qu'à interroger la voix publique, ou plutôt il lui eût suffi de jeter les yeux sur la métropole en deuil. Mais aujourd'hui quelle tâche difficile osé-je m'imposer ! Comment vous entretenir des vertus pacifiques d'un apôtre, dans un temps où les vertus guerrières réclament à elles seules toute votre admiration ? Qui me donnera les moyens de vous intéresser à la vie modeste d'un prince de l'église, et aux monumens trop périssables qu'éleva sa piété, lorsqu'avec le reste de l'Univers, vous êtes uniquement attentifs à la vie toute glorieuse du premier prince de la terre, et qu'autour de vous s'élèvent de toutes parts des monumens, dont la durée, comme celle de son nom, semble devoir être éternelle?

Cependant si je me sens intimidé, ne croyez pas que ce soit défiance des dispositions que vous daignez apporter à m'entendre. Ne sais-je pas que la reconnaissance, transmise de vos pères jusqu'à vous comme un héritage sacré, vous portera naturellement à l'indulgence ? et vous-mêmes, en demandant l'éloge de M. de Sourdis, ne m'avez-vous pas averti que, malgré la différence des temps et des mœurs, la vertu brillait toujours du même éclat à vos yeux? Mais, Messieurs, j'ai le sentiment de ma faiblesse; je crains de ne pas répondre dignement à votre attente. Cette crainte n'ira pourtant pas jusqu'au découragement ; j'essaierai du moins de payer à la mémoire de votre bienfaiteur ma part de la dette commune.

Suivez donc avec moi, Messieurs, le cours d'une aussi belle vie ; car, dans ce discours, je n'établirai pas d'autre ordre que celui même des faits. Si quelquefois je m'en écarte, ce sera seulement pour vous les faire mieux connaître. Eh! qu'ai-je besoin ici de ces divisions méthodiques qui semblent agrandir un sujet, quand elles ne sont souvent qu'un adroit artifice pour en déguiser la stérilité? A chaque pas, dans la carrière de M. de Sourdis, vous découvrirez de nouvelles vertus, de nouveaux bienfaits, de plus justes motifs de révérer sa mémoire ; et vous penserez alors avec moi, qu'il en a été du cours de sa vie comme du cours de ces fleuves, dont la richesse et la magnificence vont toujours en croissant, jusqu'à cette mer qui les appelle tous, et dans laquelle tous finissent par se perdre et se confondre.

François d'Escoubleau de Sourdis, cardinal, archevêque de Bordeaux et primat d'Aquitaine, né en 1575, descendait d'une famille illustre, célèbre sur-tout par son amour pour le prince et la patrie. Son père, lieutenant-général sous Henri IV, servit de son bras et de son épée ce roi vaillant, aux journées d'Ivry et de Coutras, dans nombre de combats, et à plusieurs siéges mémorables. Il eut pour aïeul ce preux et loyal comte de la Chapelle, qui, à la malheureuse bataille de Pavie, combattit le plus près de la personne de François I.er, ne cessa de frapper qu'après en avoir reçu l'ordre de son maître, et qui, fait prisonnier avec lui, fut un de ceux que ce prince, digne d'un meilleur sort, se choisit pour compagnons d'infortune en sa prison de Madrid ; estimant sans doute que cette honorable distinction appartenait sur-tout au brave qui comme lui-même, pouvait dire après le désastre : *Tout est perdu fors l'honneur.*

Mais que sont ces avantages du nom et de la naissance ? Averti par tant d'expériences récentes, que la noblesse personnelle est la seule qui ne soit pas vaine, je ne vous parlerais point des ancêtres de M. de Sourdis, si je ne retrouvais pas en lui toutes leurs vertus. Il n'eut point, à la vérité, comme eux, à affronter les dangers des batailles, à lutter pour son pays contre les ennemis de l'État, à prodiguer son sang pour le service de son roi ; mais vous le verrez affronter souvent, et avec joie, des périls plus grands que ceux des combats, lutter pour l'humanité contre des fléaux plus destructeurs que le fer et la flamme, et mille fois exposer sa vie, je ne dirai pas pour sauver les jours, mais seulement pour adoucir les souffrances du pauvre : car si, comme ses aïeux, il chérissait tendrement son roi, il étendait aussi ce même sentiment d'amour sur les malheureux, et les brebis les plus à plaindre de son troupeau furent toujours ses brebis de prédilection.

Destiné d'abord à suivre la carrière des armes, il reçut, à l'Université de Paris, l'éducation convenable à un jeune seigneur que son rang appellerait peut-être dans la suite à commander les armées. Ses progrès répondirent aux soins de ses instituteurs :

seulement il parut plus propre aux exercices de l'esprit qu'à ceux de la guerre. Ainsi se montre communément, dès l'enfance, le germe des goûts et des talens futurs ; mais trop souvent on l'oublie. A peine eut-il atteint les premières années de l'adolescence, que son père l'appela dans les camps auprès de sa personne. Il y trouva des leçons guerrières, des exemples de vaillance, et, sous une pareille discipline, il serait devenu l'un des meilleurs officiers de l'armée, si la providence, qui se joue quelquefois de nos projets, ne l'eût pas destiné à servir sous un autre étendard.

A dix-neuf ans, envoyé en Italie, sous le nom de *comte de la Chapelle*, il y accompagna le duc de Nevers, ambassadeur extraordinaire du roi à la cour de Rome. Ce voyage devait compléter son éducation : il allait étudier les hommes avant d'avoir à les conduire. Au retour, la main de mademoiselle de Chiverney, fille du chancelier de ce nom, lui était promise. Quel brillant avenir s'ouvrait déjà devant lui ! D'un côté, l'établissement le plus honorable ; de l'autre, un avancement rapide et sûr dans cette carrière où le seul nom de Sourdis était la meilleure des recommandations : ajoutez la faveur d'un prince qui n'aima jamais à demi. A quels honneurs ne pouvait pas prétendre le digne fils d'un guerrier qui avait mérité la reconnaissance d'un roi tel que Henri IV ? Que de motifs, Messieurs, pour le jeune comte, de suivre la route glorieuse dont il avait déjà franchi les premiers pas ! et combien ces motifs ne semblaient-ils pas devoir être puissans sur son ame, à un pareil âge !

Cependant resté à Rome après le départ du duc de Nevers, et plus cher de jour en jour à Sa Sainteté qui l'avait accueilli avec bonté, il prit bientôt d'autres goûts; ou plutôt il reconnut en lui un secret penchant qu'il n'y avait pas encore soupçonné. La pompe et la majesté du culte dans la capitale du monde chrétien, des communications habituelles avec les lumières et les princes de l'église, mais avant tout les charmes de la vertu, dont, à la cour de Clément VIII, on eût du moins emprunté le langage, si l'on n'en avait pas eu les sentimens, firent naître insensiblement dans le cœur de M. de Sourdis, le pieux désir de se consacrer au service des autels. Alors se dissipèrent ces douces illusions de la gloire, au milieu desquelles on avait élevé sa jeunesse; il renonça au bonheur, aux plaisirs que le monde lui promettait, et ne revint dans sa patrie que pour aspirer au sacerdoce. L'armée perdit donc en lui un officier qui s'y fût montré digne de ses pères; mais l'église acquit un ministre fervent, qui, parvenu aux dignités, devait y ressusciter les exemples des premiers siècles.

Ce ne fut pas sans résitance de la part de sa famille, que M. de Sourdis renonça aux armes. On lui exagéra les avantages qu'il sacrifiait, on lui grossit les peines qui l'attendaient, on employa pour le détourner les raisons, les prières, les caresses et les larmes : rien ne put l'ébranler. Sa résolution n'était point un effet ordinaire de cette vague inquiétude du jeune âge, qui quelquefois nous séduit, nous égare, et nous fait prendre l'ombre pour la réalité, un caprice fugitif pour un goût irrésistible. Non, Messieurs, reconnaissons ici ou cette inspiration secrète, cette voix du ciel que la piété nomme vocation, ou du moins ce choix raisonné, réfléchi, auquel se décide un homme qui s'est étudié, qui a mesuré ses forces, et qui en dirige l'emploi vers le but qu'il juge le plus honorable pour lui-même, et le plus utile pour les autres.

Mais une nouvelle carrière va prescrire à M. de Sourdis de nouvelles études à suivre, de nouvelles lumières à acquérir ? Il le sait, Messieurs ; ces travaux n'ont rien qui l'effraie. Son ardeur, son avidité de connaître, surmonteront toutes les difficultés, triompheront de tous les obstacles. Il se voit déjà dans le saint ministère ; il en pèse les devoirs, et ne se dissimule point combien de connaissances variées ils demandent pour être bien remplis : déjà les unes lui sont familières, les autres le deviendront par un travail assidu.

Voyez-le recommencer, pour ainsi dire, son éducation, avec cette constance, ce zèle infatigable qu'il apporta toujours à l'exécution de ses desseins. Il passe les jours et les nuits à s'éclairer ; les écrits des philosophes profanes, et ceux des auteurs sacrés ne quittent plus ses mains ; il poursuit l'erreur jusque dans ses retraites les plus ténébreuses, et n'abandonne la recherche de la vérité, que parvenu aux limites posées par l'éternel à l'esprit de l'homme ; les saintes écritures, dont les images, les pensées, les maximes, se trouveront si souvent comme fondues dans ses discours, les ouvrages des théologiens et des pères dont le langage et l'esprit lui deviendront comme naturels, toutes ces sources religieuses de la morale et de la doctrine évangéliques, il y puise sans relâche des trésors de lumière qui vont le rendre digne d'occuper la chaire de' Athanases, avant même que sa modestie lui permette de penser qu'il puisse jamais y monter.

Ainsi va se former dans la retraite et le silence ce prélat dont la voix persuasive sera bientôt écoutée dans les conseils de l'église, comme la voix même de la sagesse. Mais en faisant l'éloge de celui qui respecta toujours la vérité, et la dit quelquefois avec une franchise extrême, loin de moi la pensée d'exagérer aucun de ses mérites. Sa gloire n'en a pas besoin. Je parle comme s'il m'entendait lui-même; et quand je loue ses talens dans l'art de la parole, je ne prétends point vous dissimuler que, venu dans un temps où les lettres renaissaient à peine en France, son style ne se soit ressenti des vices de son siècle; mais il eut du moins l'éloquence du cœur, cette force de persuasion que l'art ne donne point, et qui se passe des grâces de l'élocution.

Aux fatigues de l'étude se joignirent bientôt pour M. de Sourdis, celles du ministère. Nommé très-jeune encore au prieuré de Maintenon, il s'y rendit aussitôt; ne croyant pas qu'il y eût dans l'église une seule dignité dont, en acceptant les titres, on ne dût en même temps s'imposer les devoirs. Son entrée dans la carrière évangélique fut marquée par un trait que je ne dois pas vous laisser ignorer. Il arrivait : un prêtre s'offre à sa rencontre, pauvre, dans un état déplorable, à peine vêtu de quelques lambeaux. M. de Sourdis le voit; saisi de pitié, il quitte aussitôt sa robe, et en revêt l'infortuné : *Il n'en sera pas ainsi*, dit-il, *et ne sera point dit que moi, simple tonsuré sois mieux couvert qu'un prêtre !* Qu'une fausse délicatesse juge ce trait indigne de l'éloge d'un cardinal, je ne m'en étonnerai point; mais ce ne sera pas vous, Messieurs ; non, si cette action généreuse, si ce cri naïf du sentiment, pouvaient ne pas honnorer M. de Sourdis à vos yeux, vous n'auriez jamais demandé son éloge.

Les habitans du lieu n'eurent pas le bonheur de le posséder long-temps ; cependant son souvenir vit encore dans leur mémoire. Il passa peu de mois après au prieuré d'Aubrac. On l'y vit tel qu'il s'était montré à Maintenon, donnant chaque jour quelque preuve nouvelle de cette sensibilité touchante, de cette humanité sans bornes, de cette charité chrétienne, je me sers d'un mot consacré par la religion pour désigner une vertu qu'elle seule peut donner, de cette charité, dis-je, qui le portait à compâtir à toutes les peines, à soulager toutes les souffrances, à se dévouer pour l'indigence et le malheur.

Vous parlerai-je aussi, Messieurs, de cet amour de l'ordre, de cet esprit conciliateur que l'on vit alors éclater en lui ? Je n'aurai pas besoin d'être son panégyriste, il me suffira d'être son historien. Les religieux d'Aubrac avaient oublié l'antique discipline : il sut les y ramener sans division, sans troubles, sans autre sévérité que pour lui-même : il leur donna son exemple, et son exemple se trouva la règle. L'évêque de Rhodez était en guerre avec son chapitre ; ces querelles, qui scandalisaient l'église, avaient fait assez de bruit pour éveiller l'attention du roi ; déjà même des commissaires étaient nommés, on allait informer. M. de Sourdis arrive à Rhodez, se porte pour médiateur entre un chapitre turbulent et un prélat aigri par d'injustes procédés ; il parle, aussitôt le calme renaît, le chapitre se soumet, et l'évêque peut occuper tranquillement son siége. Un jour aussi lui-même aura besoin de quelque médiateur, dans des circonstances pareilles ; mais se trouvera-t-il quelqu'autre abbé d'Aubrac qui vienne conjurer l'orage ?

Je passe rapidement sur ces faits. Leurs détails fidèlement présentés suffiraient à la gloire de tout autre ; mais je suis pressé de répondre à votre impatience, je dois vous montrer M. de Sourdis revêtu de la pourpre romaine, assis sur le siége métropolitain de Bordeaux. Là vous verrez briller plus éminemment encore les dons qu'il avait reçus du ciel ; là ses titres à votre éternelle reconnaissance deviendront de jour en jour plus sacrés.

Malgré sa modestie, M. de Sourdis ne pouvait long-temps encore se dérober à la renommée. Ce n'était plus seulement aux yeux du peuple, témoin de ses rares vertus, qu'il paraissait digne de tous les honneurs ; mais à la cour de France et à celle de Rome, déjà l'on s'accordait à reconnaître, dans l'abbé d'Aubrac, un homme destiné à devenir l'un des plus beaux ornemens de l'église gallicane. Henri IV jugeant que ce même jeune homme dont, pendant un temps, il avait espéré employer le bras à la défense de l'Etat, ne le servirait pas moins utilement, par ses lumières et sa piété, dans la vie nouvelle qu'il avait embrassée, demanda pour lui le chapeau de cardinal. Clément VIII s'empressa de répondre au vœu du roi de France, et se félicita de pouvoir donner en même temps à M. de Sourdis une marque aussi éclatante de l'estime qu'il lui avait inspirée, quand il n'était encore que le *comte de la Chapelle.*

Une circonstance ajouta plus de prix à cet insigne honneur. Henri IV qui accompagnait toujours ses bienfaits de cette grâce franche et naïve qui en doublait la valeur, voulut remettre lui-même le chapeau au nouveau cardinal. Je recueillerai ici le peu de mots qu'il adressa à M. de Sourdis. Est-il une seule parole sortie de la bouche du bon Henri, que tout Français n'aime à se faire répéter? « Le pape vous a fait à ma prière cardinal, et vous a daigné envoyer le bonnet, pour le recevoir de mes mains, estimant que le progrès de votre vie ecclésiastique *répondra à son commencement :* faites que le nom de Dieu soit béni dans mon état, *autant que ses serviteurs vous honorent.* »

O vanité de nos éloges! vous me prêtez depuis quelque temps une oreille attentive; et voilà qu'un mot de Henri IV honore plus M. de Sourdis que tous nos discours.

Cette éminente dignité allait être presque aussitôt suivie d'une autre, plus chère encore à votre souvenir. Le cardinal de Sourdis fut nommé archevêque de Bordeaux; et ce nouvel honneur, il le dut encore à Henri IV. Ne l'oubliez jamais, Messieurs : que ce soit pour vous un motif de chérir encore plus la mémoire de ce grand prince, dont le nom se trouve si naturellement mêlé à l'éloge de la bienfaisance et de la vertu. N'écoutez pas ces hommes dont les froids raisonnemens éteindraient tout sentiment affectueux : ils vous diront peut-être que Henri fut seulement reconnaissant, qu'il ne songea qu'à s'acquiter envers le fils des services du père? Non. Henri connaissait tout le prix du don qu'il vous faisait; il n'ignorait pas qu'il plaçait sur le siége de Bordeaux, un prélat qui ne sentirait de sa haute faveur, que les devoirs qu'elle lui imposait ; qui ne regarderait point cet accroissement de fortune comme une nouvelle propriété, mais comme l'inviolable patrimoine des pauvres ; qui ne préférerait point à une modeste résidence dans vos murs le séjour enivrant des cours, ni aux travaux apostoliques les vains plaisirs du monde. Henri connaissait le cardinal de Sourdis, Henri vous aimait ; et quand on le voit, à la même époque vous donner pour commandant le maréchal d'Ornano, il est aisé de reconnaître que lui-même se souvenait d'avoir été votre gouverneur avant d'être votre roi.

Aussitôt que le nouvel archevêque eut reçu ses bulles de Rome, il se rendit au milieu de son troupeau. Il ne le quittera plus volontairement : s'il reparaît quelquefois à la cour, ce sera pour obéir aux ordres du roi, ou pour aller solliciter quelque grâce en faveur de son diocèse. Les écrivains du temps nous ont transmis les souvenirs de l'entrée du Cardinal à Bordeaux. Elle fut simple, modeste, toute religieuse; il y parut d'autant plus grand, qu'il affecta moins de le paraître. Ce que je pourrais vous retracer de ce jour mémorable, ne serait sans doute pas sans intérêt pour vous, Messieurs, mais ne m'accuseriez-vous pas aussi de m'être fait une trop faible idée des vertus du Cardinal, si je m'arrêtais à louer sa modestie? Jetons plutôt un coup d'œil rapide sur l'état où se trouvait alors l'église d'Aquitaine : vous en saisirez mieux l'ensemble et l'étendue des travaux du cardinal de Sourdis, vous en sentirez plus vivement tous les biens dont vos ancêtres lui furent redevables.

Depuis plus de dix ans Bordeaux était sans archevêque, et le chapitre métropolitain, habitué, pendant cette longue vacance du siége, à exercer l'autorité du prélat, s'en était approprié une grande partie; tant l'habitude du pouvoir est aisément prise pour le droit! Les liens de la discipline s'étaient relâchés avec ceux de la morale ; quelques prêtres encore se montraient dignes de leur ministère, mais un plus grand nombre le déshonoraient par leur conduite ; l'insubordination, le trouble, le désordre, les déréglemens s'étaient glissés jusque dans les cloîtres ; et au milieu de ces scandales, suites déplorables des guerres de religion, les circonstances se trouvaient telles, que la rigueur n'était pas moins à craindre que la faiblesse ; l'un ou l'autre de ces deux excès pouvait également avoir les suites les plus funestes. D'ailleurs, comment concilier tous les esprits, dans une ville aussi peuplée, composée de citoyens qui ne différaient pas moins de sentimens que de religion ? Quel courage, quelle prudence, quelle sagesse ne fallait-il pas pour maintenir ou reconquérir les priviléges de l'église, sans blesser tant d'intérêts contraires, sans aigrir des souvenirs trop récens pour n'être pas amers, sans rallumer tant de passions plutôt assoupies qu'éteintes ? Ne craignons pas de le dire, Messieurs, le cardinal de Sourdis était peut-être le seul homme de l'église gallicane assez zélé pour l'entreprendre, assez habile pour l'exécuter.

Son caractère, étonnant assemblage d'une bonté inépuisable, et d'une fermeté que rien ne pouvait ébranler, semblait un don de la Providence, réservé pour de pareils jours. Humble pour lui-même, et fier quand il s'agissait de sa dignité, il se jugeait et jugeait les autres avec une équité sévère ; prompt à se laisser toucher par le repentir, il était d'airain contre l'audace et l'opiniâtreté. Actif, ardent, il se laissa quelquefois emporter à son zèle ; c'est qu'à l'entendre, mieux vallait blesser les formes, que laisser échapper l'occasion du bien : maxime dangereuse chez un esprit moins droit, mais qui chez lui n'était peut-être qu'un léger vestige de cet esprit chevaleresque et militaire, héréditaire dans sa famille. Que d'autres appellent ce zèle excessif un défaut, j'y consens : qu'ils apprennent cependant par combien de vertus il fut compensé. Sujet fidèle, citoyen incorruptible, sa piété fut toujours dégagée d'ostentation ; sa sensibilité l'aurait fait courir à l'indigence, pour soulager celle d'autrui ; son courage, son mépris de l'or, de la faveur, de la vie même, égalaient sa générosité. Enfin, si je voulais le peindre d'un trait, je dirais qu'il unit aux vertus des prélats de l'ancien temps, les vertus des chevaliers ses ancêtres. Il portait dans son cœur Dieu, le Roi, les malheureux et la Patrie.

A peine installé, il s'occupa aussitôt de réformer les abus divers que j'ai dû seulement indiquer. Ce ne fut pas sans exciter les murmures de quelques hommes intéressés à perpétuer les désordres. Il eut à éprouver d'injustes oppositions, à essuyer des contrariétés de tout genre, à dévorer des peines secrètes. Alors commencèrent à agir sourdement ceux qui, plus tard, lui suscitèrent une foule de débats juridiques, de ces procédures scandaleuses qui désolèrent son cœur, et troublèrent sa vie. Je ne leur ferai pas l'honneur de les désigner plus clairement. Dans leurs requêtes aux ministres et aux rois, ils l'appelaient leur tyran; et les pauvres le proclamaient leur père! Jugez-les. Mais disons à la gloire du reste de son clergé, que les pasteurs, les simples prêtres, les religieux de tous les ordres, témoignèrent, en général, par leur prompte soumission, le profond respect dont ils étaient pénétrés pour sa personne.

Après avoir préparé le retour de l'ordre, il visita les villes et les paroisses de son diocèse, avec cette même modestie, cette même humilité chrétienne, que l'on avait admirée en lui, lors de son entrée dans la métropole. La seule magnificence qu'il aimât, était celle du culte : il voulait que partout, même dans les hameaux les plus pauvres, les cérémonies religieuses se fissent, sinon avec toute la pompe désirable, du moins avec toute la décence que leur objet commande ; lui même fournissait de ses propres deniers les fonds nécessaires, quand les revenus attachés à l'autel ne pouvaient suffire ; et l'argent qu'il consacrait ainsi au Seigneur, était le seul qu'il refusât à l'aumône. Les seuls hommages dont il fût jaloux, c'était de voir les indigens accourus à son passage s'offrir d'eux-mêmes à ses largesses. Les hôpitaux, les hospices, tous les asiles du malheur étaient l'objet de ses constantes sollicitudes. Il s'assurait par lui-même de la régularité de leur administration, et non content de veiller ainsi à ce que les fonds du pauvre ne fussent ni détournés, ni dissipés, il allait en personne, dans ces tristes demeures, répandre des secours et des consolations. Souvent même on le vit exercer aussi sa bienfaisance dans les prisons, dans le hideux séjour du crime :

exemple utile qui nons montre que le crime lui-même sous la peine, n'est pas sans droits à l'humanité. Ainsi, tandis que les peuples publiaient les louanges du cardinal de Sourdis, que la cour le citait pour modèle aux autres prélats, il recevait jusque dans les cachots des actions de grâces et des bénédictions.

Mais ces pieux devoirs ne lui faisaient pas oublier les autres besoins de son troupeau : son ame active aurait voulu pouvoir à la fois tout réparer, tout créer. Les établissemens consacrés à l'instruction de la jeunesse appelèrent aussi ses premiers regards : il sentait que si l'humanité fait un devoir au riche de secourir l'indigence, elle fait aussi un devoir au puissant de propager les lumières, ne fût-ce que pour ménager à l'homme une ressource de plus contre le malheur.

Des trois colléges que Bordeaux possédait déjà, deux eurent part à ses bienfaits. Le premier, celui des Jésuites, reçut de sa munificence de nouveaux moyens de prospérité ; mais l'autre, le collége de St.-Raphaël, lui dut encore davantage. Cet établissement, fondé par le vertueux Pey-Berland, était alors presque anéanti ; M. de

Sourdis le réunit à un séminaire qu'il fondait à la même époque. En réédifiant ainsi l'ouvrage de l'un de ses prédécesseurs, il lui donna une splendeur qu'il n'avait jamais eue. Le nombre des étudians fut doublé, les cours reprirent leur activité, et l'on vit renaître une émulation que l'on croyait pour jamais éteinte,

Voilà, Messieurs, l'emploi que le Cardinal faisait de ses richesses et de sa puissance. Moins d'une année suffit à tant d'améliorations. Elle était à peine révolue, qu'il dut aller à Rome recevoir le *pallium* des mains de Clément VIII. Il laissait en son absence un conseil éclairé, animé de son esprit, capable enfin de suivre ses généreux desseins : on le savait, et cependant le jour de son départ fut un jour de deuil. Un père adoré ne serait pas plus vivement regretté de sa famille. Ecoutez, et jugez s'il le méritait.

En arrivant à Rome, il fut reçu par le cardinal d'Ossat. Aussitôt cette Éminence s'empressa de l'instruire que le cardinal Aldobrandin, alors à la cour de France, venait de persuader à Henri IV, qu'il était de la dignité, de l'intérêt même de l'église gallicane, que les cardinaux français résidassent près du Saint Siège. Les premiers mots adressés à l'archevêque de Bordeaux furent donc une invitation de fixer son séjour à Rome. Il s'y refuse. On insiste ; on lui représente les avantages d'une soumission si douce en elle-même, les dangers, au contraire, d'un refus que rien ne pourrait excuser. Ce fut en vain ; ni les raisonnemens du cardinal d'Ossat, ni les prières du sacré collége, ni l'invitation du Souverain Pontife, ni l'espoir de nouveaux honneurs, ni la crainte même de déplaire à Henri IV, rien ne put triompher de son amour pour son troupeau.... *Mes frères m'attendent....* Ce fut là son unique réponse. Fermeté vraiment digne d'éloges ! Résolution généreuse, qui, dans d'autres temps et sous un autre prince, aurait été peut-être regardée comme une désobéissance ! Henri sut l'apprécier : habitué à juger de la conduite des hommes, par leurs motifs, il en estima davantage M. de Sourdis.

Le retour du Cardinal à Bordeaux fut le présage de nouveaux bienfaits. Alors commencèrent à être fondés ces monastères des deux sexes, ces pieuses retraites, dont il est presqu'inutile aujourd'hui de ressusciter les noms, quand il reste à peine d'un grand nombre quelques débris reconnaissables. Je ne cherche point, Messieurs, à vous appitoyer sur des ruines; je ne viens pas réveiller des souvenirs pénibles, qui se lient à l'histoire de nos derniers malheurs. Quand la sagesse unie au pouvoir travaille, autant que le lui permettent les ennemis de notre prospérité, à effacer jusqu'à la trace de nos blessures, ne portons point sur nos cicatrices une main imprudente et téméraire. Mais aussi que d'antiques bienfaits, dont le temps a desséché les fruits, ne s'effacent pas entièrement de notre mémoire. N'écoutons point cette prétendue philosophie sèche et aride, qui n'édifie rien, qui ne sait que détruire, et dont la haine s'attache aux débris qu'elle a faits. Laissons la reprocher peut-être au cardinal de Sourdis d'avoir trop multiplié les monastères dans notre patrie. Pour nous, ne jugeons point un prélat du seizième siècle au tribunal de la moderne sagesse. Soyons justes pour qui le fut envers tous; et, sans observer ici que la France dut jadis à ces ordres religieux, aujourd'hui si décriés, la renaissance des sciences et des lettres ; sans agiter même l'importante question de savoir, s'il ne serait pas d'une sage politique d'ouvrir quelques asiles à des hommes qu'un attrait invincible porte à la vie solitaire, à d'autres pour qui des malheurs sans remède ont fait de la retraite un besoin, à d'autres enfin que le désespoir poursuit, et qu'il jetait autrefois dans ces solitudes où ils trouvaient sinon la paix, du moins de lugubres consolations, reportons-nous en idée au siècle du cardinal de Sourdis : alors sans doute, plus réservés dans nos jugemens, nous respecterons ce que respectèrent nos ancêtres, ce qu'approuvèrent les rois et les parlemens ; ou si, entre tant de communautés, il en était encore qui nous parussent sans utilité, du moins nous conviendrons que plusieurs doivent, même encore aujourd'hui, trouver grâce, je ne dirai pas devant la piété, mais seulement devant l'humanité : telle cette maison hospitalière ouverte, au missionnaire Dernidius, banni de sa patrie ; tels encore ces hospices destinés au soulagement des pauvres, ces communautés consacrées à l'instruction de la jeunesse, ces autres maisons de bienfaisance où des vierges malheureuses, laissées sans fortune dans un monde corrupteur, trouvaient un abri, du travail, et un pain que n'arrosaient point les larmes de la pudeur outragée. Enfin, laissons même de côté, pour un instant, toute considération morale ou religieuse. Qu'était Bordeaux dans ces temps reculés ? Cette ville que vous voyez aujourd'hui si brillante, comptait alors à peine quelques monumens, quelques édifices dignes d'être remarqués. L'érection de plusieurs temples, la fondation d'un grand nombre de couvens, les embellissemens que d'autres reçurent, ne donnèrent-ils pas à cette métropole un air de magnificence tout nouveau pour elle ? Ne commencèrent-ils pas à la faire ce que vous la voyez aujourd'hui, une des plus belles villes de l'Empire ?

Mais que fais-je, Messieurs ? Je loue un prélat, je parle de ce qu'il édifia pour le ciel, et je lui cherche des excuses dans le siècle ! Ah ! qu'il était loin d'en capter la vaine opinion ! Comme il redoutait peu l'inconstance de ses jugemens ! Il se laissait aller à son zèle, et quand il s'agissait de ce que, dans la droiture de son cœur, il jugeait bon et utile, il se hâtait de l'exécuter, regardant avec la même indifférence les éloges et les censures de la multitude. Il n'y songeait pas. Vous le croirez, quand je vous dirai que deux fois, entraîné par cette impulsion subite, à laquelle il n'était même pas en son pouvoir de résister, il eut le malheur de déplaire à Henri, à son bienfaiteur, à un maître qu'il adorait.

N'exigez point, Messieurs, que je m'étende sur ces deux époques de la vie du cardinal de Sourdis ; elles furent l'une et l'autre pour lui une source de chagrins. Qu'il vous suffise de savoir que sa première disgrace lui vint à l'occasion d'un démêlé avec son chapitre. Le droit était pour lui ; et sans doute un prélat qui voulait chasser du temple le scandale et l'indécence, n'eût pas dû trouver des obstacles chez ceux mêmes qui, par devoir, auraient dû le seconder. Il en trouva cependant. L'orgueil et l'opiniâtreté se soulevèrent contre lui. Alors éclata son caractère : il s'affranchit, par un coup d'autorité, de ces formes, quelquefois salutaires, mais qui, trop souvent, retardent la justice. Le parlement intervint : de-là des procédures qui parvinrent aux oreilles de Henri IV, et l'indisposèrent. L'autre disgrace honore le Cardinal. Il s'agissait de l'élection du successeur de Clément VIII : les cardinaux français s'étaient réunis pour élever au Saint Siége un Pontife qui fût agréable à la cour de France ; ils engagèrent M. de Sourdis à se joindre à eux. *Je ne nomme*, répondit-il, *ni qui je ne connais, ni qui je n'estime pas. Je n'ai d'opinion qu'après la messe du St. Esprit.* Liberté digne des premiers âges. Cette réponse fut sans doute envénimée aux oreilles du roi. Il retira au Cardinal sa faveur et ses pensions. M. de Sourdis gémit d'avoir pu déplaire à son maître ; mais si la perte des pensions effleura son cœur, ce fut seulement au souvenir des pauvres de son diocèse.

Ici, Messieurs, j'interromprai l'ordre des temps, et puisque je suis venu à parler de cet excès de zèle qui lui suscita quelquefois des peines trop réelles, disons, pour l'oublier aussitôt, ce qu'il déplora sans doute lui-même. Eh ! pourquoi vous cacherais-je que l'ardeur avec laquelle il voulut rappeler à ses devoirs l'aumônier du maréchal d'Ornano, lui fit perdre en partie l'amitié de cet estimable commandant ? Pourquoi n'avouerais-je pas encore qu'une compassion mal entendue pour certain gentilhomme condamné à perdre la tête, le porta à donner asile à ce malheureux ? Celui qu'il sauvait était coupable : à la vérité, la grâce avait d'abord été accordée, mais elle avait été révoquée ensuite, mais des violences, qu'on ne doit cependant pas attribuer au Cardinal, avaient été exercées pour arracher le criminel au glaive de la justice. Cette action irrita le parlement, déplut à la cour de Rome, et appela sur M. de Sourdis un exil et une interdiction de quelques mois. Ah ! sans doute, je passerais ces faits sous silence, si, dans un éloge où tout doit être vrai, je pouvais avoir conçu la pensée de vous présenter le cardinal de Sourdis comme un homme sans défauts, comme un être enfin au-dessus de l'humanité. Mais, Messieurs, quel étrange abus ferais-je de la parole ! Ne vous dois-je pas un portrait fidèle ; un récit véridique ? Et lui-même, s'il m'entendait, croyez-vous qu'il me pardonnât une aussi méprisable dissimulation ? Laissons donc ces ombres au tableau d'une vie d'ailleurs si belle et si admirable. Les grands hommes aussi, Messieurs, payent tribut à la faiblesse humaine. On croirait même que la nature l'a ainsi réglé, pour la consolation des petits. Notre orgueil est moins blessé, quand nous découvrons chez des êtres si supérieurs à nous quelques-unes de nos misères.

J'opposerai maintenant avec confiance la vie entière du Cardinal, à ces courtes erreurs trop chèrement expiées. Leur source n'eut jamais rien d'impur ; elles partirent ou d'un excessif amour de l'ordre, ou d'une excessive compassion pour le malheur.

Je suis arrivé, Messieurs, à des jours de gloire pour M. de Sourdis : redoublez d'attention.

En 1605, une maladie, épidémique, terrible, qui, dès les années précédentes, avait exercé ses ravages, reparut plus effrayante, plus destructive que jamais. L'épouvante était générale. Les riches que le fléau avait épargnés, ou chez qui le germe mortel ne s'était pas encore développé, fuyaient dans les campagnes et dans les villes voisines. Les autres, la classe indigente sur-tout, demeuraient en proie à la contagion. Le cardinal de Sourdis revenait alors de Paris. Il apprend en route la funeste nouvelle. Aussitôt, il se hâte d'arriver dans une ville que tous ceux qui en avaient les moyens, s'empressaient d'abandonner. On l'attendait comme l'ange du salut. Le corps de ville alla le recevoir au port, et delà le conduisit, suivi de la foule en larmes, à l'église métropolitaine. C'est là que, pénétré de douleur, et, d'une voix suppliante, s'adressant au Ciel irrité, il le conjura de détourner loin d'un troupeau trop malheureux les maux qui l'affligeaient, et de les faire plutôt retomber tous sur la tête du pasteur : mais il ne se borna point à ces actes d'une foi vive et d'une piété touchante ; ce dévouement qu'il venait d'offrir à l'Éternel, il l'exécuta autant qu'il était en son pouvoir.

Vous l'eussiez vu tour-à-tour dans les prisons, dans les hôpitaux, sous le toit du pauvre, oubliant tous les dangers, braver et les miasmes putrides, et l'haleine empestée des mourans, et l'aspect repoussant des cadavres ; adoucir, par sa seule présence, les derniers momens de ceux qui expiraient ; ranimer par ses exhortations, le courage de ceux qui pouvaient encore espérer de vivre ; et rappeler, par son exemple, auprès du lit des malades, leurs amis et leurs proches que la terreur en avait chassés. Car, vous le savez, Messieurs, dans ces jours de désolation la nature est muette, tout s'éteint, tout s'oublie. Les liens du devoir, ceux de l'amitié, ceux du sang, ceux même de l'humanité cessent d'unir les citoyens entre eux ; chacun s'isole : on dirait du même peuple une foule d'étrangers qui se craignent et s'évitent. L'homme est devenu un sujet d'effroi pour l'homme : il fuit ce qu'il a de plus cher, ou plutôt il n'a plus rien de cher au monde. La peur de suivre dans la tombe un ami, un frère, une épouse, un père, suffit pour les abandonner, pour les sacrifier presque sans regret. Grand Dieu ! quel dévouement que celui de l'être sensible qui, au milieu de l'épouvante générale, surmonte le sentiment si impérieux de sa propre conservation, triomphe d'un dégoût, d'une horreur qu'on croirait invincible, s'approche des mourans, se montre à eux la compassion dans les yeux et la consolation sur les lèvres, leur donne lui-même des secours, écoute leurs plaintes, y répond avec douceur, et leur fait du moins sentir que tous les cœurs ne sont pas fermés à la pitié, mais qu'il est encore sur la terre quelqu'un qui compâtit à leurs souffrances : dernier adoucissement des plus grandes douleurs, seule consolation à laquelle l'homme ne cesse d'être sensible qu'en cessant de vivre !

Quel nom donnerons-nous à ce généreux oubli de soi-même, nous qui sommes devenus si prodigues des mots de bienfaisance et de sensibilité ? Est-il beaucoup d'hommes qui fissent, un seul jour, ce que le cardinal de Sourdis répéta mille fois pendant plus de deux ans ? Combien qui ne pourraient même pas supporter le récit trop véridique des scènes hideuses dont il fut si souvent témoin ! On vante le courage du guerrier qui, dans les combats, affronte une mort douteuse, dont tant de fois l'ont préservé les armes qu'il porte ; et certes cette admiration lui est légitimement acquise : nul ne vit, nul ne meurt pour notre cause, qui n'ait des droits éternels à notre amour, à nos respects. Mais de quel sentiment serez-vous donc pénétrés pour le cardinal de Sourdis, si vous vous le représentez se multipliant chaque jour, pour aller volontairement s'exposer à une mort presque inévitable ; et cela seulement afin de rendre la mort des autres moins douloureuse? Contemplez-le, Messieurs : il n'a rien de ce qui peut dérober au guerrier la vue du péril, ou l'enhardir à l'affronter ; ni cet espoir de gloire qui double la valeur ; ni l'exemple si puissant d'une foule de rivaux ; ni ce bruit, ce tumulte des combats, qui trouble la tête, exalte l'imagination, et allume la fureur dans les ames les plus douces. La gloire? il n'y songe même pas : la sienne n'est pas de ce monde, il va périr obscurément emporté par un commun désastre. L'exemple? c'est lui qui le donne, et il voit périr ceux qui l'imitent. Le trouble, le tumulte? il n'entend que les accens plaintifs de ceux qui souffrent, et les gémissemens de ceux qui meurent. Il est dans le calme lugubre d'une douleur profonde mêlée de compassion ; il parle d'espérance, et n'espère pas pour lui-même, et en voyant creuser la tombe des victimes, une voix secrète lui crie : Demain, ce soir peut-être, on creusera la tienne !...... Avouons-le, Messieurs, il y a là quelque chose de plus qu'humain, qu'il n'est même pas donné à l'homme de louer dignement.

Cependant la contagion cessa ses ravages à

Bordeaux. Ce fut pour se répandre dans les campagnes et les villes environnantes, où sans doute, aux premiers momens d'alarme, l'avaient portée les fugitifs qui avaient été y chercher un abri. Le vertueux Cardinal parcourut tous les cantons affligés ; partout il porta les mêmes secours et donna les mêmes exemples. Si sa piété, ses exhortations, ses conseils, ses prières, ne purent conjurer le fléau désastreux, ni prévenir tous ses ravages, du moins son seul aspect répandait autour de lui un baume consolateur, qui diminuait l'horreur de la calamité. Quand M. de Sourdis arrivait dans quelqu'un des endroits infectés, la foule aussitôt accourait et se pressait autour de lui ; on voulait le voir, en être vu, toucher sa main, baiser ses vêtemens, la trace même de ses pas : on croyait que sa présence allait rendre à l'air son ancienne pureté ; les malades attendaient de lui le retour de la santé ; les mourans, par un dernier effort, prononçaient son nom pour le bénir : tous, les bras tendus vers lui, le conjuraient de s'épargner, de fuir une terre désolée ; et quand le même devoir l'appelait ailleurs, ils pleuraient son départ, ils se regardaient comme abandonnés.

Je vous représente fidèlement, Messieurs, l'effet de la présence du Cardinal sur la multitude témoin de son dévouement, et je me garderai d'y mêler les réflexions qui, en y songeant, se pressent en foule dans mon ame. Il est des choses qu'on affaiblit en s'y arrêtant ; il suffit de les montrer ; c'est au cœur de ceux qui nous écoutent à les sentir, et je ne crains pas que le vôtre reste froid à mon récit.

Au milieu de ces fatigues, de ces dangers, croyez-vous que le cardinal de Sourdis en surveillât avec moins d'énergie et d'activité les différentes parties de son administration temporelle et spirituelle ? Détrompez-vous. Rien, même alors, n'échappait à son œil pénétrant. Il ne cessa pas un instant de poursuivre la réforme entière de son clergé, avec autant de vigilance et de promptitude, que si elle eût été l'unique objet de ses pensées. Jetez les yeux sur le registre de ses actes, à l'époque malheureuse dont nous parlons ; vous ne saurez de quoi vous étonner le plus, ou du nombre ou de la sagesse de ses réglemens. Vous le verrez jaloux d'entretenir l'antique ferveur qu'il avait déjà rallumée, tantôt encourager les forts, tantôt soutenir les faibles, ou punir les rebelles, ou prendre en main la défense des opprimés; se rendant aussi cher aux vertueux ecclésiastiques par l'emploi de son pouvoir, que redoutable aux mauvais prêtres par sa sévérité.

Cependant le maintien de la discipline ecclésiastique, malgré tous les détails où ce soin le forçait d'entrer, ne lui donna peut-être pas alors autant de sollicitudes, que l'exercice même de la bienfaisance, de cette vertu si douce qui fit, pendant sa vie, son unique félicité. En effet, quoique sa générosité fût, pour ainsi dire, illimitée, cependant ne vous la représentez pas comme une source prodigue qui verse au hasard ses eaux vagabondes; c'était une source abondante, intarissable, dont les eaux salutaires étaient distribuées par une infinité de canaux, avec une sagesse, une prévoyance qui ne leur permettait que rarement de s'égarer sur un terrain indigne de les recevoir. Quelle attention, quelle prévoyance, pour n'oublier aucun malheureux, quand chaque jour en voyait croître le nombre ! Et je ne parle pas ici seulement de ces libéralités publiques, constamment réparties avec autant d'ordre que de régularité à la porte des temples, dans les hôpitaux, dans les prisons : non, sa bienfaisance n'avait pas seulement ses jours et ses heures ; c'était constamment qu'il se sentait pressé d'ouvrir aux infortunés son cœur et ses trésors : je veux parler sur-tout de ces dons plus considérables, moins connus, secrètement versés dans nombre de familles que leur rang et leur nom ne préservaient pas du besoin, mais que la crainte de rougir condamnait à cacher leurs peines, à dévorer leurs larmes, à attendre que quelque bienfaiteur ignoré devinât leurs souffrances.

Quand on réfléchit aux sommes considérables que le cardinal de Sourdis répandit pendant ces deux années, tant de libéralités paraîtraient aujourd'hui un problême, si l'on ne savait pas qu'il était, dans son intérieur, d'une économie austère. N'entendez pas cependant par économie, cette épargne minutieuse et sordide, qui, de quelque beau nom qu'elle se décore, se rapproche toujours de l'avarice : non, je veux parler de cette économie noble et généreuse, qui convient aux grands et aux rois eux-mêmes; qui sait ce qu'il faut sacrifier aux circonstances, au rang, à la place éminente que l'on occupe ; qui donne sans regret, parce qu'elle voit où tombent ses largesses; qui perd quelquefois et ne se plaint pas, parce qu'elle n'ignore point que l'homme libéral trouvera des ingrats. Telle était l'économie du cardinal de Sourdis. Par elle, il put non-seulement suivre tous les mouvemens de son cœur, mais encore soutenir son rang avec toute la dignité convenable. Sans luxe pour lui-même, sans autres besoins que ceux du sage, il savait néanmoins ce qu'il devait à ses titres de Cardinal, d'Archevêque et de Primat d'Aquitaine. Voilà pourquoi, malgré son humilité personnelle, on le vit décorer avec goût sa maison de Lormont, agrandir son palais à Bordeaux, et construire cette gallerie magnifique où il rassembla une foule de tableaux, dont le choix annonçait qu'il n'était point étranger au sentiment des arts, et dont les sujets montraient à qui les contemplait, que ce palais était la demeure d'un pieux archevêque.

Ne vous semble-t-il pas comme à moi,

Messieurs, qu'un prélat aussi admirable dans tous les détails de sa vie, sous quelque point de vue qu'on la considère, aurait mérité de la passer sans éprouver de ces chagrins cuisans, de ces peines de l'ame, contre lesquelles l'homme du siècle cherche en vain des remèdes dans la philosophie, quand le chrétien en trouve à peine dans la religion elle-même ? Mais le ciel réserve souvent aux plus dignes ses plus cruelles épreuves. Le cardinal de Sourdis était destiné à faire des pertes irréparables.

Au commencement de 1610, M. le maréchal d'Ornano, dont l'amitié, pour le Cardinal s'était un peu réfroidie, termina sa longue carrière. C'était un officier cher à Henri IV, cher à la province de Guyenne, cher à tous ceux qui le connurent : il fut généralement regretté, mais de personne plus que du cardinal de Sourdis. Il le pleura comme un ami qu'il avait eu le malheur de désobliger ; il le pleura comme un homme précieux qu'on remplacerait difficilement ; il le pleura sur-tout comme un autre bienfaiteur de la ville de Bordeaux, tant la voie la plus sûre pour gagner son cœur c'était de vous aimer et de vouloir votre bonheur ! Ses regrets éclatèrent au-delà de ce que certaines gens, qui mesurent aussi le sentiment, appellent, je crois *étiquette*, *convenances :* mais les hommes vraiment sensibles en regrettèrent plus vivement que deux ames si dignes de s'accorder, ne se fussent pas toujours entendues.

Cette perte allait être suivie d'une autre plus grande encore, et qui serait sentie par toute la France. Son souvenir, après deux siècles, fait encore couler des larmes, quand on songe qu'un exécrable assassinat renversa, comme d'un coup de foudre, tous les projets que le meilleur des rois méditait pour la prospérité de ses peuples. Le cardinal de Sourdis avait été mandé à Paris, pour assister au couronnement de Marie de Médicis. Le lendemain de cette cérémonie, à laquelle ce qui suivit a fait attacher le nom de funeste, il eut une conférence avec Henri IV. Dans cette entrevue il reçut du roi les témoignages les plus attendrissans d'un retour sincère, et d'une bonté dont le cours n'avait été que suspendu. Ah ! sans doute, assiégé, comme on sait, d'affreux pressentimens, ce malheureux prince ne voulut pas, en cas d'accident, quitter la vie brouillé avec l'un de ses meilleurs sujets ! *Jamais*, a dit M. de Sourdis lui-même, *S. M. ne m'avait parlé avec tant d'affection et d'affabilité.* Henri IV le quitte, et monte en voiture. Lui se retire. Quelques instans après, il entend crier que le roi est assassiné. S'il eût été frappé du même couteau, il eût moins souffert. Brisé de douleur, il court au Louvre, et trouve le corps du grand Henri presque abandonné, étendu, percé du coup mortel. Il voudrait douter de l'affreux malheur : tout tremblant il pose la main sur ce cœur dont il avait été aimé : un reste de mouvement se fait sentir, il le croit du moins, et d'une voix entrecoupée de sanglots, il prononce ces paroles sacramentelles qui reconcilient l'homme expirant, avec celui qui juge aussi les princes de la terre. O Henri ! le sujet fidèle qui te rendit ce triste et dernier service, eût mieux aimé te sacrifier sa vie !

Je voudrais, Messieurs, vous épargner ces funèbres images ; mais je raconte une vie semée de peines et de douleurs, comme elle fut pleine d'œuvres saintes et de bienfaits. Le cardinal de Sourdis vient de perdre le meilleur des maîtres ; tout, dans cette mort, semble s'être réuni pour la lui rendre plus sensible ; il reste inconsolable : cependant le bonheur de son troupeau l'occupe encore ; l'espoir d'y contribuer sera désormais le plus doux des liens qui l'attacheront à la vie. Plus heureux que son roi, il vécut assez pour exécuter ce qu'il méditait depuis long-temps pour vous.

Nous touchons au moment où il va désécher ces marais dont les exhalaisons dépeuplaient votre ville : il élèvera en même temps près du gouffre pestilentiel une Chartreuse magnifique, parce que dans son ame les pensées de la piété furent toujours inséparables des pensées de la bienfaisance.

Depuis quatre ans, il calculait en lui-même les moyens de conduire jusqu'à sa fin cette entreprise difficile, que tout autre eût jugée téméraire. Déjà les plans étaient dressés, et la majeure partie des fonds assurée : il s'en remettait pour le reste sur les nouveaux sacrifices qu'il saurait s'imposer encore. Déjà même les travaux étaient commencés, et les canaux s'ouvraient sur plusieurs points, lorsqu'en 1611 le prince de Condé, père du héros de ce nom, vint à Bordeaux prendre possession du gouvernement de la Guyenne. Le cardinal de Sourdis choisit ce moment pour poser la première pierre de la Chartreuse. Il en déféra l'honneur au prince.

Le corps de ville, une foule de seigneurs et de nobles, un peuple nombreux assistèrent à cette fête. Tous se faisaient une idée plus ou moins juste des dépenses déjà faites ; mais en songeant à celles qu'il faudrait faire encore, personne d'une multitude si considérable n'aurait osé croire possible l'exécution de ce projet salutaire. Celui qui l'avait formé était seul calme et sans inquiétude sur l'avenir.

On ne sait pas assez tout ce dont l'homme est capable, quand avec un bon esprit et une volonté ferme, il est soutenu par deux motifs aussi puissans que la religion et l'amour de l'humanité. La reine Médicis l'ignorait sans doute, puisque, quatre ans plus tard, lorsque déjà les travaux avançaient, elle ne pût, en voyant combien il restait encore à faire, s'empêcher de dire au Cardinal, qu'il s'y ruinerait sans fruit. *J'aurai du moins*, dit-il à la reine, *la consolation d'y avoir cherché la gloire de Dieu et l'utilité publique*. Dans ce peu de mots,

Messieurs, ne reconnaissez-vous pas les secrets motifs qui ont rendu la vie de M. de Sourdis si glorieuse pour lui, et si utile pour vous-mêmes ?

Les travaux durèrent huit ans : mais ce laps de temps vous paraîtra bien court, si, dans la pensée, remontant jusqu'à cette époque, vous vous représentez ces cloîtres spacieux, ce temple beau dans sa simplicité, ce vaste édifice qu'environnaient alors des jardins, des bois, des prairies ; ces marais convertis en de riantes cultures, ces canaux creusés à grands frais sur un fond si mobile, ces allées, ces promenades produites comme par enchantement, dans des lieux où circulaient, depuis des siècles, les vapeurs fétides et mortelles qui répandirent si souvent sur Bordeaux le deuil et les funérailles.

Nos ancêtres virent s'opérer ces merveilles ; ils nous en laissèrent les fruits : comment en avons-nous joui ? O vanité des travaux du juste ! presque autant que lui ses monumens sont donc passagers et périssables ! Deux siècles ne sont pas écoulés depuis la fondation de la Chartreuse, et déjà tout a changé de destination, ou même n'existe plus. Le temps a détruit ces plantations salutaires, qu'un peu de soin et de prévoyance auraient pu conserver ; une mesure générale a chassé de l'asile du silence les pieux solitaires qui l'habitaient, et l'intérêt public a converti l'agreste enclos du couvent en un vaste cimetière : il est déjà tout sillonné par le fossoyeur, cependant il atteste peut-être moins encore que l'édifice qui l'avoisine, la fragilité de l'homme et de ses ouvrages.

Encore si les changemens et la destruction n'avaient pas été plus loin ; mais à une époque funeste, des cris de fureur retentirent sous ces voûtes qui n'avaient entendu que la voix des prières ; des mains sacrilèges, s'armant du fer, brisèrent les chiffres, les emblêmes, les armoiries, tous les signes qui pouvaient retracer la mémoire du fondateur ; son buste lui-même, érigé par la piété reconnaissante, fut abattu, mutilé, précipité dans un égoût : il ne resta du bienfaiteur que son tombeau, comme une image de mort au milieu des débris. O fureur d'une poignée d'insensés ! la postérité ne t'imputera point au peuple de Bordeaux. Elle apprendra que ce peuple naturellement bon et sensible, mais alors muet de terreur, détesta ces désordres. Elle saura que, l'orage à peine dissipé, Bordeaux pleura sur un attentat qui n'était pas son ouvrage. En effet, dès les premiers momens de calme, le temple fut purifié, la maison consacrée à un usage utile, et le buste du Cardinal, retiré des eaux, fut déposé à l'Académie. Jetez sur lui les yeux, vous y verrez encore les traces de la violence : mais songez que l'injure est réparée, et que l'ombre du grand homme a pardonné.

Tandis que s'élevait cette Chartreuse, dont la destinée devait être si différente de celle que lui promit son auteur, le cardinal de Sourdis signalait sa fidélité pour son roi et son respect pour les lois fondamentales de l'État.

A peine quelques années s'étaient écoulées depuis la mort de Henri IV, et déjà cependant la France, déchirée par les factions des grands, avait perdu beaucoup de sa considération aux yeux de l'étranger ; des intrigues de cour avaient dissipé les trésors mis en réserve par Sully et son maître pour le soulagement des peuples ; la guerre civile était prête à se rallumer ; des princes du sang encourageaient les factions et s'en déclaraient les chefs. A de pareilles calamités, on ne vit de remède que dans la convocation des états-généraux. La Guyenne avait ses états particuliers : les trois ordres se réunirent donc pour nommer leurs députés. L'assemblée fut orageuse, et se ressentit de cet esprit d'effervescence que les circonstances rendaient presque général. On y attaqua les priviléges du clergé; le Cardinal les défendit avec autant de liberté que de chaleur. Mais je remarque à peine ce trait si conforme au caractère que vous lui connaissez; j'aime mieux vous apprendre que, pendant la tenue même des états-généraux, quelque libelliste ayant osé dans un pamphlet séditieux attaquer le trône et l'autel, M. de Sourdis ne dédaigna pas de le combattre, sous le voile de l'anonyme cependant; voulant sans doute, dans une cause si belle, ne rien devoir à son nom, et croyant plus généreux de n'opposer à son méprisable adversaire que les armes de la raison. Lisez ce discours du Cardinal *sur le respect dû à l'autorité royale*, vous y verrez, Messieurs, les opinions les plus saines, une logique vive et pressante, et par tout le langage d'un prince de l'église, qui s'honorait d'être en même temps un sujet fidèle. Heureuses et tranquilles les provinces, où les premiers ministres des autels donnent l'exemple de la soumission et de la fidélité ! Heureuses aussi les villes, où, comme dans celle-ci, la réflexion qui vient de m'échapper ne peut pas recevoir d'application défavorable.

L'écrit du cardinal de Sourdis parut dans un moment où l'on ne tarda pas à sentir combien il importait que quelqu'un prît en main la défense de ces principes sacrés sur lesquels repose la félicité des empires. A la même époque, le prince de Condé, celui dont j'ai déjà parlé, osa, en plein conseil, en présence du roi et de sa mère, se permettre des propos et des menaces qui déjà laissaient entrevoir ses projets séditieux. Quand cette nouvelle parvint à l'assemblée des états-généraux, les trois ordres en furent indignés ; et tandis que la noblesse, par un élan spontané, courait au Louvre offrir ses services à Louis XIII et à sa mère, leur jurer fidélité, et leur témoigner combien l'injure faite à la majesté royale affligeait tout l'ordre, le clergé députa le cardinal de Sourdis pour aller porter aux pieds du trône les mêmes sentimens de dévouement, de respect et d'amour. Quel prélat était plus digne de cet honorable ministère, que celui même qui, pour défendre l'autorité royale, n'avait pas attendu le moment de l'orage !

Il harangua le jeune roi et sa mère, avec cette effusion de sensibilité que l'on retrouve dans presque tous ses discours. Et ne croyez pas que son langage fût mêlé de ces flatteries que l'on prodigue à tous les princes, même à ceux qui les dédaignent. Non : il y règne un ton affectueux, mais grave, mais plus près du conseil que de l'éloge. Si c'est un sujet fidèle qui parle, c'est aussi un ministre du Seigneur qui croit avoir dit assez quand il n'a dit que la vérité.

Ici, Messieurs, où mon sujet m'a conduit à parler des talens de M. de Sourdis dans l'art de la parole, peut-être vous attendez-vous que, ne laissant échapper aucun de ses titres de gloire, je vais vous citer ses autres harangues à nos rois, ses discours dans les assemblées du clergé, ses discussions lumineuses au concile de Bordeaux, ses prédications célèbres dans leur temps, ses mandemens, ses lettres pastorales pleines d'une onction véritable, que son style antique, simple et naïf rend encore plus touchantes ? Mais, Messieurs, beaucoup d'autres ont mieux parlé, mieux écrit que lui ; et je ne veux louer, en sa personne, que ces dons plus rares, plus précieux par lesquels il l'emporta sur tous les autres prélats, hors un très-petit nombre qui purent l'égaler.

Je devrais donc encore mettre sous vos yeux le tableau fidèle de ses travaux apostoliques pendant le reste de sa vie. Il ne serait pas sans intérêt pour vous. Je sais que, laissant la foule admirer de préférence ces actions publiques et mémorables dont je vous ai entretenus, vous voudriez aussi, étudiant l'homme dans l'homme, vous assurer si celui dont les monumens et les travaux ravirent l'admiration générale, la mérita également dans les détails intérieurs de l'administration, dans cette secrète partie de la conduite, où les grands se montrent d'autant mieux qu'ils croyent être moins aperçus. Je ne craindrais pas un pareil examen pour la mémoire du cardinal de Sourdis. En effet que vous apprendrait-il ? Vous le verriez étendre ses soins, ses instructions, ses aumônes sur les bons habitans des campagnes et sur leurs pasteurs; pourvoir à ce que les revenus attachés à l'autel fussent également partagés entre tous les ministres du culte; donner des réglemens et des fonds aux institutions de bienfaisance; rendre au monde des religieux, que la cupidité et la violence de leurs parens avaient jetés dans les cloîtres; en accueillir d'autres dans ces humbles retraites, malgré le vœu de leurs familles : car si, d'un côté, sa piété éclairée ne voulait admettre en communauté que des mains pures et des cœurs libres; de l'autre, son zèle n'aurait pu souffrir qu'on ravît au Seigneur des victimes dont le sacrifice était volontaire. Vous le verriez d'autres fois ne dédaignant pas de descendre aux plus petits détails, tantôt rassurer quelque conscience timorée, tantôt combattre la superstition et la folle crédulité; dans son palais, présider lui-même aux pieux exercices de sa maison; dans les colléges, exciter par sa présence l'émulation entre les élèves; dans les communautés, entretenir par ses paroles touchantes l'esprit d'ordre et de fraternité ; dans les familles, reconcilier les parens divisés, excuser les fautes, en obtenir le pardon ; enfin, Messieurs, passer à chaque instant d'une œuvre sainte à un autre. Mais si j'entreprenais de vous raconter tant d'actions aujourd'hui oubliées, tant de bienfaits secrètement répandus, je ne le pourrais sans me répéter mille fois ; les noms seuls vous paraîtraient nouveaux : ce serait toujours le même homme, le même esprit, le même cœur. Jamais il ne se démentit. Ni les chagrins, ni les fatigues, ni les contrariétés qu'il essuya, et dont j'ai dû vous épargner le récit, pour ne pas mêler aux actes de la vertu les manœuvres de l'orgueil ou de l'injustice, ne purent attiédir son zèle, ni lasser son inépuisable charité. Celle-ci sembla même s'accroître encore, à mesure qu'il approchait de l'inévitable terme où il ne pourrait plus l'exercer sur la terre.

Dans les dernières années de sa vie, à l'époque où il s'était rendu à Rome, pour tâcher de conjurer l'orage prêt à éclater entre l'Espagne et la France, au sujet de la Valteline, une famine cruelle désolait nos provinces. L'intendant du Cardinal l'instruisit de cette calamité, l'invitant à mettre ses blés en vente : il en tirerait ainsi un prix avantageux, et en même temps il soulagerait le peuple. « Non seulement, répon- » dit le cardinal, ne vendez pas mes grains; » mais *distribuez tout* aux indigens : faute » de blé, donnez de l'argent. *Tout ce que* » *vous donnerez, je le trouverai bon ; ne* » *ménagez rien, je vous en conjure au nom* » *de Dieu.* » Tout le blé rassemblé dans ses greniers à St.-Emilion, à Libourne, à Lormont, fut distribué à ses enfans ; c'est ainsi qu'il nommait les pauvres.

Mais que remarqué-je ? Apprenez, Messieurs, que, dans sa dernière maladie, au moment même où on aurait pu le croire accablé sous le poids des douleurs, il était encore plus occupé des souffrances de son troupeau que des siennes. On était au mois de janvier, l'hiver était très-rude ; le cardinal de Sourdis se représente alors les maux de tant de misérables, que leur nudité exposait davantage aux intempéries de la saison. A cette pensée son cœur saigne ; aussitôt il ordonne d'entretenir des bûchers sur toutes les places publiques, et de distribuer du bois dans toutes les paroisses, aussi long-temps que durerait la saison rigoureuse. Sa charité ne s'éteignit qu'avec sa vie ; et sa vie finit avec ses trésors : tout avait été distribué aux pauvres.

Sa mort fut celle du juste ; il la vit venir lentement, accompagnée de tout son effrayant cortége ; mais il n'en fut pas troublé ; il en fut à peine ému. Ses prêtres, ses amis l'entouraient, et ne pouvaient cacher leur douleur : lui les consolait avec bonté, d'un air serein, comme s'il eût été question de toute autre mort que de la sienne. A l'heure suprême, après avoir reçu ces derniers secours spirituels, qu'il avait souvent administrés lui-même aux autres, il s'informa si tout était fini ? Les assistans ne lui ayant répondu que par des larmes : *Voilà qui est bien*, leur dit-il, *c'est maintenant qu'il faut se réjouir*. Paroles héroïques, religieuses, et pleines de vérité. Oui, sans doute, c'était, pour une ame aussi belle, le moment de se réjouir. Elle n'éprouvait rien de ce qui trouble l'homme au dernier jour ; ni les regrets du passé, ni l'impatience des souffrances présentes, ni l'effroi de l'avenir. Eh ! que regretterait le cardinal de Sourdis dans la vie qu'il va quitter ? L'emploi d'un temps pour jamais écoulé ? le sien a été rempli. Les honneurs? il ne les ambitionna jamais. Les richesses? il a joui des siennes; que dis-je! elles le suivent, il ne laisse même pas les frais de ses funérailles. Ses amis? il n'en eut jamais que de dignes de lui; il les reverra un jour; ce n'est qu'une absence; d'autres l'appellent, Henri IV, Clément VIII l'attendent aux célestes demeures. Quant aux souffrances présentes, que sont-elles à ses yeux? l'expiation passagère des imperfections inséparables de notre fragilité commune; la mort va les finir, et devenir ainsi elle-même une douce condition de la vie. Mais l'avenir? L'avenir! eh! que peut craindre de la source de toute bonté, l'ame sensible qui monte vers les cieux, précédée, accompagnée, suivie des regrets du pauvre, des prières de la veuve et de l'orphelin, des larmes de tous les affligés dont elle soulagea les misères.

Je vous le demande, Messieurs, le cardinal de Sourdis n'avait-il pas sujet de se réjouir? Sa fin ne fut-elle pas un véritable triomphe? Que son souvenir ne réveille donc ici aucune pensée affligeante. Vos ancêtres regrettèrent leur vénérable archevêque ; ils le regrettèrent long-temps ; mais la postérité ne regrette point. Elle oublie l'homme inutile ; elle déteste le méchant ; elle se charge d'éterniser la mémoire des bienfaiteurs de l'humanité. Achevez son ouvrage, Messieurs : honorez, chérissez la mémoire du cardinal de Sourdis ; publiez à jamais ses bienfaits. Le plus grand vous reste encore ; il vous a laissé l'exemple de sa vie. Que cet utile exemple enseigne au riche le plus doux emploi des richesses, le seul qui les mette à l'abri de l'envie ; qu'il apprenne aussi au pauvre, qu'au monde il est une vertu qui répare l'injustice apparente de la fortune.

Et toi, ombre illustre et chère, si du haut des cieux tu daignes ne pas repousser cet éloge, dont le seul mérite est d'être vrai, entends le vœu que j'ose former pour la gloire de ton nom ! Permets qu'à la place même où tu voulus que ton cœur fût déposé, nous t'érigions un monument digne de toi. Ne crains rien, tes dernières volontés seront respectées. L'humble cippe que nous t'élèverons à la porte du sanctuaire, sera simple et sans ornemens : nous n'y inscrirons point ces titres d'honneurs, auxquels tu préféras le nom modeste de père des pauvres ; mais nous y graverons ces mots, qui seront entendus de quiconque porte un cœur sensible : *La reconnaissance à F. de Sourdis, deux cents ans après sa mort.*

NOTES HISTORIQUES.

Plusieurs des faits que j'ai cités étant aujourd'hui oubliés ou trop peu connus, j'indiquerai ici les sources où j'ai puisé. Outre les mémoires du temps et l'histoire, j'ai parcouru tout ce que Darnal, Dom Devienne, Lacolonie, l'abbé Dutemps et autres, ont écrit sur le cardinal de Sourdis. J'ai surtout consulté le registre des actes de l'archevêché, rédigé sous les yeux du Cardinal, par Jehan Berthau, archidiacre de Fronsac, et secrétaire de l'archevêché. Cet énorme volume, monument le plus authentique des actes de M. de Sourdis, m'a été fort utile pour rectifier les erreurs plus ou moins importantes, commises par les auteurs cités. J'ai eu aussi sous les yeux une foule de compilateurs, plus ou moins exacts, suivant les ouvrages qu'ils avaient compulsés. Quelques-uns, tels que l'auteur des *Variétés Historiques sur Libourne*, ont parlé avec respect de M. de Sourdis ; d'autres ont outragé sa mémoire : je ne les nommerai pas. J'ai eu aussi la patience de lire l'oraison funèbre du Cardinal, par un chanoine de Bordeaux, nommé Grimaud (*) ;

(*) Imprimée en 1628, à Bordeaux, elle se trouve à la bibliothèque publique de cette ville.

déclamation ampoulée, sans goût, infectée de tous les vices du temps. L'orateur prend son exorde chez les Egytiens; ensuite il se bat les flancs pour établir dans tout le reste de son discours un parallèle, au moins très-singulier, entre le Cardinal et Moïse, puis un autre entre l'Archevêque et Hélie. Le tout est lardé de passages de la fable, et de citations de la bible : le bon chanoine a mis tout à contribution. J'ai trouvé dans cette oraison funèbre peu de faits, et un seul mot du Cardinal. Je n'ai pu du reste rien emprunter à l'auteur.

Je ne terminerai point cette note sans consigner ici l'expression de ma reconnaissance pour la manière affable et généreuse avec laquelle M.gr l'archevêque de Bordeaux a daigné me communiquer le registre des actes de son illustre prédécesseur. Je n'avais par moi-même aucun titre à cet acte de bienveillance; j'osai cependant le solliciter et y compter : persuadé, puisqu'il s'agissait de M. de Sourdis, que personne ne prendrait plus de part à sa gloire, et ne serait plus disposé à seconder mes efforts, qu'un prélat aussi savant que modeste, et qui était lui-même un exemple des vertus que j'avais à célébrer.

(1) *Pag.* 4.—François d'Escoubleau de Sourdis, cardinal, archevêque de Bordeaux et primat d'Aquitaine, était fils de François, comte de la Chapelle-Bellouin, marquis d'Alluye, seigneur de Sourdis, chevalier des ordres du roi, lieutenant-général pour S. M. en la ville de Chartres, et de dame Isabelle Babou de la Bourdaisière, maison de Lorraine, issue

de la maison des comtes Babou, en Italie. Il eut pour aïeul François d'Escoubleau, comte de la Chapelle, maître de la garde-robe de François I.er

(2) *Pag.* 5, 6, *etc.* — J'ai pour garans des faits consignés depuis la page 4 jusqu'à la page 10, le registre des actes, Dutemps, et presque tous les écrivains qui ont eu à parler de M. de Sourdis. La plupart nous ont aussi instruit du mariage projeté pour lui par sa famille ; mais les actes seuls, page 2, m'ont donné le nom de l'épouse qu'on lui destinait.

(3) *Pag.* 9 *et* 10. — Je parle de l'éloquence de M. de Sourdis, et j'ai eu l'occasion d'y revenir dans la suite de ce discours. Le jugement que j'en porte, quoique conforme à celui qu'on en porta de son vivant, n'est point basé sur l'opinion d'autrui. J'ai lu attentivement plusieurs de ses discours, on peut les voir encore dans ses actes, et dans tous si j'ai été trop souvent blessé des défauts que l'on peut reprocher aux productions de ce temps-là, plus souvent encore j'ai été frappé de la chaleur et de la vivacité de son style. Il est, comme je l'ai dit, nourri de pensées extraites des Pères et de l'écriture, mais avec une justesse et une mesure dont peu d'orateurs se piquaient à cette époque où, jusque dans le barreau, on se faisait un devoir de citer, à tout propos et souvent sans motifs, la bible et les écrivains sacrés.

(4) *Pag.* 11. — *Il n'en sera pas ainsi, et il ne sera point dit...., etc.* Ce trait a été défiguré par le chanoine

Grimaud et par les autres auteurs : je l'ai trouvé dans les actes, rapporté à sa véritable époque, avec les propres paroles de M. de Sourdis (*act.* pag. 5). C'est à la même source que j'ai puisé ce que je dis des démêlés survenus entre l'évêque de Rhodez et de son clergé (*act.* pag. 4).

(5) *Pag.* 15.— *Le pape vous a fait à ma prière, etc..* J'ai copié les propres paroles de Henri IV. (*Voy.* les actes, pag. 5). Le chanoine Grimaud fait le compte d'un courrier qui apporta le chapeau au nouveau Cardinal, cela ne vaut même pas la peine d'être réfuté.

(6) *Pag.* 16. —*Aussitôt que le nouvel archevêque,* etc. L'empressement du Cardinal à se rendre à Bordeaux, est consigné dans les actes. J'y vois de plus qu'on croyait généralement dans cette ville, qu'il resterait à la cour. Aussi écrivait-il au sieur Darnald, clerc de la ville. « Je suis marry que tous les gens de » bien aient conçu l'opinion que je ne veux pas aller » à Bordeaux. Ne doutez pas que si tôt que j'aurai » mes bulles, je m'y en irai, et à l'heure où per- » sonne ne m'attendra. » (*Voy.* les actes, pag. 5).

Ce que je dis, dans le paragraphe précédent, des sentimens de Henri IV pour Bordeaux, en donnant à cette ville M. de Sourdis pour archevêque, et M. d'Ornano pour commandant, est constaté par une lettre même du roi au Cardinal. Elle fut écrite à l'époque des démêlés de l'archevêque avec son chapitre :

« J'ai acquis avec tant de sueurs et de sang la paix » à mon royaume ; et j'ai peine à mettre une bonne

» intelligence entre mes sujets, voir entre ceux qui
» sont différens de religion. Pour le bien de mon état
» j'ai voulu envoyer mon lieutenant-général, le maré-
» chal d'Ornano à Bordeaux, estimant en même
» temps y avoir donné un prélat qui saurait si bien
» s'insinuer dans les esprits, qu'il s'en attirerait la
» bienveillance, et que de la prudence de l'un et de
» l'autre, je pourrais espérer conserver cette province
» en la paix et en l'obéissance d'une perpétuelle fidé-
» lité à ma couronne, etc. »

(7) *Pag.* 17. — *Depuis plus de* 10 *ans, etc......*
Ce tableau de l'église de Bordeaux, à l'époque où
M. de Sourdis vint en occuper le siége métropolitain,
loin d'être exagéré, est au contraire singulièrement
adouci. Dutemps, les actes de l'archevêché, l'oraison
funèbre du Cardinal par Grimaud, et tous les auteurs,
ont fait une peinture effrayante des abus de toute es-
pèce qui s'étaient alors glissés parmi le clergé.

(8) *Pag.* 18. — *Son caractère, etc......* Le caractère du Cardinal est connu, mais quand il ne le serait
pas, on le tirerait aisément des faits eux-mêmes. L'esprit militaire, une certaine humeur fière et indépen-
dante, étaient vraiment héréditaires dans la maison
de Sourdis. Le frère de l'Archevêque, devenu son
successeur en 1629, se trouva en personne au siége
de la Rochelle et à la reprise des îles de Lérins. Il
commanda les armées navales, et remporta deux vic-
toires, l'une en 1638, l'autre en 1641.

(9) *Pag.* 20. — *Je ne leur ferai pas l'honneur de*

les désigner plus clairement, etc...... On voit assez que je parle ici du chapitre de l'archevêque. Tous les auteurs ont blâmé sa conduite; le pape la censura. Quant aux calomnies dont je parle, j'ai lu, dans les actes, la requête qu'ils présentèrent au roi, lorsque le Cardinal fit bâtir la galerie de l'archevêché. C'est un monument d'iniquité. Ils peignent M. de Sourdis comme un affreux tyran.

(10) *Pag.* 22. — *Des trois colléges, etc......* Le collége des Jésuites, institué à Bordeaux en 1572 (*), par les soins et les libéralités du conseiller Beaulon, reçut du Cardinal le prieuré de Bardenac; plus tard il en reçut d'autres bienfaits.

Le collége de St.-Raphaël, fondé en 1442, par l'archevêque Pey-Berland, n'avait que douze bourses; le cardinal de Sourdis les porta à 24. (*Voy. Delurbe, Chronique* 1442. — *Les Actes*, pag. 37).

(11) *Pag.* 24. — *Le retour du Cardinal, etc......* Plusieurs personnes dont l'estime m'est chère, et dont je respecte les opinions, auraient désiré que je fisse de légers changemens à ce paragraphe; craignant sans doute qu'on ne prît pour des regrets ce que je dis des communautés fondées par M. de Sourdis. Mais, j'ai dû laisser subsister ma pensée telle qu'elle avait été soumise à mes juges, et je ne puis croire qu'on aille me supposer d'inutiles regrets, parce que j'aurai rendu justice à des Ordres qui ne sont plus. Il en est des cor-

---

(*) Delurbe, dans sa Chronique, date cette fondation de 1573. C'est une erreur.

porations comme des individus : une fois détruites, leur mémoire appartient encore à la postérité, pour recevoir d'elle ou l'éloge ou le blâme, selon le bien ou le mal qu'elles firent tant qu'elles subsistèrent.

(12) *Pag.* 27.—*L'érection de plusieurs temples, etc..* Aucun auteur n'a donné une liste exacte des fondations de M. de Sourdis, et de celles faites sous son influence. Je crois utile de la relever sur les actes :

En 1599, séminaire fondé à Rhodez.

En 1600, séminaire fondé à Bordeaux, et réunion audit séminaire du collége de St.-Raphaël.

En 1601, institution de la Société de la miséricorde, pour le soulagement des pauvres honteux.

Même année, il introduit les Capucins à Bordeaux, et les loge dans son palais pendant deux mois ; il obtint ensuite pour eux l'ancien hôpital de la peste.

Même année, il introduit les Récollets dans Bordeaux, au couvent de N. D. de Grâces.

En 1603, le missionnaire Dernidius, banni d'Irlande avec plusieurs autres Hibernois, se retire à Bordeaux, le Cardinal les accueille, les établit à St.-Eutrope, et leur donne une règle.

Même année, il demande une bulle au pape, pour instituer les filles de N. D. La bulle ne fut expédiée que l'année suivante.

En 1606, les Ursulines furent fondées par la mère de Casère, sous l'influence du Cardinal.

En 1608, il établit les Minimes près le Château du Hâ.

En 1610, il introduit les Récollets à Libourne.

Même année, les Carmélites de St.-Joseph furent fondées par la présidente de Gourgues, sous l'influence du Cardinal.

En 1611, il fonde un collége à St. Macaire.

En 1615, il réforme les Dominicains.

En 1618, les Carmélites sont fondées par le président Rhedon, sous l'influence du Cardinal.

En 1619, il consacre la Chartreuse.

En 1626, il dote, de ses deniers, la maison des Carmes déchaussés.

En 1628, il réforme l'abbaye de Ste.-Croix.

(13) *Pag.* 28. — *N'exigez point, Messieurs, etc.....* Voici en peu de mots l'histoire du premier démêlé important entre l'archevêque et son chapitre :

Dans l'église St.-André, du côté du midi, étaient deux autels sans ornemens, sans balustres, sur lesquels le peuple se plaçait pendant la prédication. Le Cardinal, blessé de cette indécence, les fit démolir, après avoir inutilement prié le chapitre de les faire abattre. Le chapitre croit ses droits blessés, et porte plainte au parlement. Le parlement veut verbaliser. Le Cardinal enjoint aux commissaires de cesser leur travail. Sur leur refus d'obéir, il les excommunie. Le parlement irrité, enjoint au Cardinal de lever l'excommunication, et le condamne par corps à quatre mille écus d'amende. L'affaire fut portée au roi, qui manda le Cardinal et lui fit de vifs reproches. Le Cardinal répondit avec fermeté. Le roi le renvoya dans son diocèse, fit lever les saisies et empêcha les suites.

Clément VIII approuva la conduite du Cardinal, et écrivit au chapitre dans les termes les plus durs.

Le Cardinal était dans son droit; ses motifs étaient louables; mais il y eut de part et d'autre de l'humeur. (*Voy. les Actes*, pag. 70; *Dutemps*, pag. 229, t. 2.)

(14) *Pag.* 29. — *Je ne nomme, répondit-il, etc.....* Cette réponse est consignée dans les actes, page 128. Le Cardinal méritait d'autant moins cette seconde disgrace, qu'il avait empêché l'élection du cardinal Toscio, faite par le parti opposé au parti français.

Henri fut sans doute trompé, ou peut-être blessé de l'excessive liberté du Cardinal.

(15) *Pag.* 29. — *Ici, Messieurs, etc.......* J'ai lu la plupart des relations des deux faits mentionnés dans ce paragraphe; je n'en ai point vu de plus impartiale que celle de Dutemps. Je vais la copier :

« En 1606, un prêtre nommé *Philippe Premier*,
» bénéficier de St.-Michel, curé de Ludon, ne résidait
» point dans sa cure depuis long-temps; le Cardinal
» l'avertit d'abord de son devoir, et lui fit ensuite une
» injonction canonique; mais, fier de la protection
» de M. d'Ornano, dont il était aumônier, cet ecclé-
» siastique répondit avec hauteur et arrogance aux
» ordres qu'on lui intima. Le Cardinal l'ayant excom-
» munié, le parlement jugea à propos de déclarer
» l'excommunication nulle et abusive, ordonnant au
» Cardinal d'absoudre la partie dans le jour, *ad cau-*
» *telam*, sous peine de 4000 liv. d'amende, etc. Un
» prêtre rebelle et contumace est frappé des censures,

» et des juges consacrent la révolte par un arrêt! Cette
» seule réflexion est bien suffisante pour rendre excu-
» sable la chaleur que le Cardinal mit dans la suite
» de cette affaire, dont il sortit avec avantage.

» Il ne fut pas aussi heureux dans celle que lui
» attira sa compassion pour *Antoine de Castaignet*,
» sieur de *Haut-Castel*. Ce gentilhomme ayant été
» condamné à avoir la tête tranchée, l'archevêque et
» le maréchal de Roquelaure obtinrent sa grâce, qui
» fut révoquée sur la représentation de quelques mem-
» bres du parlement. Le Cardinal, accompagné de
» quarante ou cinquante gentilshommes, fit enfoncer,
» dit-on, la porte de la conciergerie, et délivra Haut-
» Castel, qu'il retira en sa maison de Lormont, pour
» le soustraire au supplice. Cette action fit d'autant
» plus d'éclat, qu'elle coûta la vie au concierge, qui
» fut tué d'un coup d'épée, pour avoir refusé la clef
» de la chambre où était le prisonnier..... (*Suit la*
» *punition du Cardinal*)..... Nous n'entreprendrons
» pas de justifier entièrement la conduite du Cardinal;
» mais pour diminuer ses torts, nous devons observer
» que plusieurs pensent qu'il ignorait la révocation de
» la grâce, et qu'il ne fut point l'auteur de l'expédi-
» tion dont nous avons parlé. Il paraît même qu'au
» moment de la violence, il se trouva par hasard dans
» la prison, où sa charité le conduisait quelquefois
» pour y exercer des œuvres de miséricorde, et qu'il
» ne fut coupable que d'avoir donné asyle au con-
» damné..... » (*Voy. Dutemps*, tom. 2, pag. 230.)

Les actes racontent autrement ce fait; mais après une
comparaison critique entre toutes les relations, celle-

ci me paraît la plus impartiale. (*Voy. les Actes*, pag. 365.)

(16) *Pag.* 31. — *Je suis arrivé, etc......* Les actes et plusieurs auteurs nous apprennent que, dès l'arrivée de M. de Sourdis à Bordeaux, en 1600, la maladie contagieuse régnait dans cette ville, et que S. E. montra dès-lors le même dévouement ; de même en 1603, 1604, 1605 et 1606. J'ai cru devoir, entre ces époques, choisir la plus funeste.

(17) *Pag.* 41. — *Au commencement de* 1610, *etc.....* Les regrets du Cardinal, à la mort du maréchal d'Ornano, sont consignés dans les actes. (*V. p.* 260).

(18) *Pag.* 42.— *Cette perte allait être suivie, etc....* Le fait relatif à la mort de Henri IV, est attesté par *Dutemps*, pag. 226, par *les Actes*, pag. 261, et dans la *Gallia christiana*, à l'art. Sourdis, diocèse de Bordeaux. Dutemps raconte le fait autrement : il dit que le Cardinal s'approcha du carosse. Cette version est contredite par l'histoire. Personne ne monta dans le carosse ; personne n'en approcha jusqu'au Louvre. D'ailleurs, les détails contenus dans les actes ne permettent pas de douter de leur fidélité.

« Je tiens, y est-il dit, de la bouche même du Car-
» dinal, que le même jour, sur les trois heures, il
» était au cabinet du roi, auquel il présenta la colla-
» tion ; que jamais S. M. n'avait parlé à lui, avec
» plus d'affabilité et de témoignage d'affection et de
» munificence, en lui remettant sur l'heure toutes les

» pensions qu'elle lui avait ôtées et retranchées dès
» l'an 1605, pour n'avoir pas suivi la volonté obli-
» gée des cardinaux français en la récréation du pape.
» Et de là à peu de temps, dit-il, m'étant retiré,
» et le roi sorti du Louvre, on me vint dire qu'il
» avait été tué. A raison de quoi il a couru au Louvre ;
» voyant ce grand roi gissant sur une couchette, taste,
» sonde s'il avait un peu de vie et de mouvement.
» Dans le doute il lui baille l'absolution.......... »
(*Voy. les Actes*, pag. 261 v.º)

(19) *Pag.* 48. — *Le buste du Cardinal retiré des eaux*, etc..... C'est à M. le curé de St-Vincent-de-Paul, au maire de Bordeaux, et à M. Lanoue, employé à la bibliothèque publique de Bordeaux, qu'on doit la conservation du buste de M. de Sourdis.

(20) *Pag.* 49. — *Lisez le discours*, etc...... Voyez ce discours dans les actes, pag. 349.

(21) *Pag.* 50. — *L'écrit du Cardinal*, etc..... Un homme de la suite du prince de Condé avait blessé le sieur Marsillat, pensionnaire de Marie de Médicis. L'affaire se poursuivait, lorsque le prince de Condé parut au conseil où se trouvaient le roi et sa mère. Il déclara que c'était à lui qu'il fallait s'en prendre du traitement fait à Marsillat : que rien n'avait été fait que d'après ses ordres. Déclaration hautaine, qu'il accompagna de plusieurs propos insolens.

Quant aux projets de sédition dont je parle, j'ai pour garant l'histoire.

(*Sur le tout voyez les Actes*, pag. 351.)

(22) *Pag.* 51. — *Il harangua, etc.....* Voyez ce discours, aux actes, pag. 353.

(23) *Pag.* 53.—*Rendre au monde des religieux, etc..* Tous ces faits sont connus. Les actes en sont remplis. Je me contenterai d'en citer trois moins connus, et qui prouvent que le zèle du Cardinal n'allait point aussi loin que ses détracteurs l'ont prétendu.

Au temps où vivait le Cardinal, on croyait facilement aux possédés; plus sage que la multitude, il soupçonna du manége chez ces prétendus démoniaques, et il reconnut que c'étaient des misérables, qui cherchaient ainsi à toucher la commisération, pour vivre. Il leur donna de l'argent, les fit nourrir, et le malin esprit cessa de les agiter. (*Actes*, p. 246 et 413.)

Léonard Fournier, de Périgueux, avait été forcé, par un frère violent et cupide, de se faire moine à Guîtres; le Cardinal le releva de ses vœux. (*Actes*, pag. 435.)

Les deux demoiselles Salmon voulaient se faire religieuses, leur mère s'y opposait, menaçant de ne pas leur donner la dot nécessaire. Le Cardinal, après s'être assuré de leur vocation, les fit entrer aux Feuillantines à Cette, et paya leur dot. (*Actes*, pag. 225.)

(24) *Pag.* 55. — *Non seulement, répondit le Cardinal, etc.....* Lacolonie nous a conservé cette lettre en entier.

« Je vous prie d'appaiser l'ire de Dieu par des au-
» mônes tant que vous pourrez. Au lieu de vendre mon
» blé, faites-le distribuer aux pauvres. Après en avoir

» fourni ma Chartreuse, donnez aux honteux des pa-
» roisses, partie en blé, partie en pain à la porte, ce
» mois d'avril et de mai, qui est ordinairement le plus
» rigoureux : faites distribuer aux pauvres des paroisses
» affligées le blé qu'il y aura à Libourne et à St-
» Emilion, et faute de blé, donnez de l'argent, tout
» ce que vous donnerez je le trouverai bon : secourez
» les pauvres, mêmement les pauvres curés, et géné-
» ralement tous ceux de mon diocèse : n'épargnez rien,
» je vous le demande au nom de Dieu. »

(25) *Pag*. 55. — *Mais que remarqué-je, etc*.....
Cette distribution de bois aux pauvres, faite quelques
jours avant la mort de M. de Sourdis, arrivée le 28
février 1628, m'est attestée par l'oraison du chanoine
Grimaud.

« En cette dernière maladie, dit-il, qui, hélas! le
» nous a emporté, comme il était tout accablé de si
» vives et poignantes douleurs : en ressentant le froid
» de l'hiver aux jours qu'il fut plus âpre, où est-ce
» qu'il portait ses sentimens ? non à ses douleurs ?
» non. Non aux appréhensions de la mort qu'il voyait
» si proche? non. Où donc? toujours aux pauvres pour
» leur envoyer du bois, qu'on mit soin de faire des feux
» publics, qu'on feit partir ses cochers aux curés de la
» ville pour le distribuer aux carrefours. » (Pag. 35).

(26) *Pag*. 56. — *Voilà qui est bien, etc*....... Le
dernier mot du cardinal de Sourdis, nous a été
conservé par le chanoine Grimaud.

« Apercevant que ses serviteurs fondaient en lar-

» mes, comme si ce n'eût pas été à son sujet, et que
» la chose ne l'eût en rien touché, d'une parole et
» constance accoutumée, il demanda si tout est fait,
» entendant parler de l'administration du dernier
» sacrement; et comme on lui répond qu'oui : *Bien*,
» dit-il, *parlons maintenant de nous réjouir.* » (P. 67.)

(27) *Pag.* 57. — *Il a joui des siennes, elles le suivent, etc......* Autre fait fourni par le chanoine Grimaud.

« On ne lui a rien trouvé que des meubles, et sans
» la magnificence de Monseigneur l'évêque de Maille-
» zais, son vrai frère, particulièrement en ce grand
» courage, comme aussi nous espérons l'avoir pour
» successeur, tant au surplus de ses vertus que de
» ses honneurs, on eût eu de la peine à fournir aux
» frais pour lui rendre les derniers devoirs. »

www.ingramcontent.com/pod-product-compliance
Lightning Source LLC
LaVergne TN
LVHW020946090426
835512LV00009B/1732